Tweede Editie

De Reis van de Ziener

Het Pad naar Verlichting

Almine

Plus: De Boekrollen der Oneindigheid

Gepubliceerd door Spiritual Journeys, LLC.

Tweede Editie: September 2014

Copyright 2011 MAB 998 Megatrust

P.O. Box 300
Newport, Oregon 97365

www.spiritualjourneys.com

Gedrukt in de Verenigde Staten

ISBN 978-1-941930-04-5 (Hardcover)

ISBN 978-1-941930-05-2 (Adobe Reader)

Inhoudsopgave

"Wat een onschatbare ervaring om een glimp te kunnen opvangen van één van de meest bijzondere levens van onze tijd. Dit boek is voorbestemd om een onuitwisbare indruk achter te laten."

Ambassadeur Armen Sarkissian,
Voormalig Minister-president van Armenië,
Astrofysicus, Universiteit van Cambridge,
Verenigd Koninkrijk

Over de Auteur

Almine is een mysticus, genezer en leraar die jarenlang door vele landen heeft gereisd, en duizenden individuen heeft bezield die zich aangetrokken voelen tot haar begrijpelijke uiteenzetting van gevorderde metafysische concepten. In het spoor van haar nederigheid en onzelfzuchtige dienstbaarheid hebben zich uitzonderlijke wonderen voorgedaan.

In haar leven, verrijkt door het mystieke en het heilige, heeft ze oog in oog gestaan met velen van de oude Meesters van licht, en herinnert ze zich volledig de oude talen van de goden, in geschreven en gesproken vorm.

Haar leer is gecentreerd rond het idee dat het niet alleen mogelijk is om een leven van meesterschap en liefde te leven, maar dat dit het geboorterecht is van ieder mens om zulke niveaus van volmaaktheid te bereiken. Haar reis is er één geworden van het leren leven in het fysieke; de delicate balans behouden van zelfbewust te blijven terwijl in een geëxpandeerde staat van bewustzijn te zijn.

Wanneer we leven in het moment, leven we in een plaats van kracht, afgestemd op eeuwige tijd en op de intentie van het Oneindige. Onze wil versmelt met die van het Goddelijke.

Almine

De Reis van de Ziener

Lang en gepassioneerd is mijn weg geweest om de betekenis van het leven te begrijpen. Ik heb het gezocht in de verbinding met de natuur, door te vasten in de woestijnen en in de hoge bergen. Ik zocht er naar in de ogen van de wijze en de dwaas, maar vond in hen enkel de beelden van mijzelf.

Mijn zoektocht bracht vele antwoorden maar de vragen hielden nooit op. Alle wegen gingen rond en rond, maar kwamen altijd uit bij mijzelf. Toen ik onder mijn dekens lag in de bergen van Montana, zag ik dat alle sterren door het wiel van de nacht draaiden, behalve de poolster – onbeweeglijk en sereen op haar hemelse troon.

En dus, zoals velen voor mij, trad ik de stilte in mijzelf binnen, waar de stem van mijn vragende geest tot stilzwijgen werd gebracht. De rivieren stroomden in mij. Ik was de wind en de wilde paarden die over de prairies renden. De gelukzaligheid was diep en verzwolg alle verlangens. Gelach golfde door mijn cellen. Ik proefde goddelijke extase zoals honing op mijn gehemelte.

Maar diep in de loomheid van mijn expansie, was er een vraag die door mijn ziel echode. De droom had de geest van de dromer verlaten, maar was de dromer nu niet de droom binnen gegaan? Ik was stil geworden, zoals de poolster, maar verkeerde in een geëxpandeerde toestand om de beweging binnenin te omvatten.

En wederom, toen ik op mijn bed lag, en al het leven gadesloeg dat zich binnenin bewoog, hoorde ik het zachtste gefluister: het leven is een reis, geen kamp. Zo verslaafd als de massa is aan hun beperkte gezichtspunt, zo ook is de wijze verslaafd aan zijn gelukzaligheid om alle dingen te zijn.

De ziener in zijn zoektocht door perceptie groeit in macht, steeds hoger en hoger klimmend. Voor de verlichte meester, die niet langer de dingen tracht te begrijpen, slipt persoonlijke macht door zijn vingers als zand in een vuist.

De spiraalvormige reis van de ziener, de vlakke geëxpandeerde staat van de wijze – om daar te kunnen leven waar deze twee gecombineerd worden met elkaar, dat was voor mij het volgende stadium. Herinneringen aan mijn kindertijd en lachen keerden opnieuw terug. Het avontuur van het onbekende, van verre horizonten die wenken, was nieuw leven ingeblazen.

En toch kan het kind niet terugkeren naar de baarmoeder, noch kan de rivier terugkeren naar haar bron. Door terug te keren naar het drama van de mens en door opnieuw mijn rol te spelen wist ik dat, hoewel het spel waarde had, ik niet de acteur was in de rol.

Vanuit het perspectief van de arend, kon ik het leven overzien en tegelijkertijd zien zoals een slak. Ik leefde in het oog van de storm, in rust in bedrijvigheid. Goddelijke ontevredenheid dreef me verder. Ik wist dat er meer vragen waren die nog niet beantwoord waren, iets dat nog niet gezien was.

Alles wat leefde binnen de kosmos verbleef in mijn wezen. Alle antwoorden binnen de rijken van vorm waren reeds bekend. Zoals de kronkelende paden had ik over de Aarde gereisd, nu was ik ook meester geworden van tijd en ruimte.

Reizend naar verborgen rijken waar weinig zieners durven te gaan, tussen demonen en engelen, draken en goden, wilde ik leren wat zij wisten.

Ieder van hen had een pagina van het Boek des Leven en toch maakte ik een grote ontdekking: In het hart van de mensheid, lag het volledige boek verborgen.

Verborgen door zelfingenomenheid, ligt alle kosmische kennis binnenin de mensheid. Als dichtste van alle wezens, is de mens de microkosmos van het macrokosmische leven.

Verleidelijk is het ontdekken en het spelen te midden van de wonderbaarlijke rijken van licht. Telkens opnieuw rondgaan, zoals een vis in een kom, zo is het leven binnen datgene dat bekend is.

Wiel van Eeuwigdurende Regeneratie

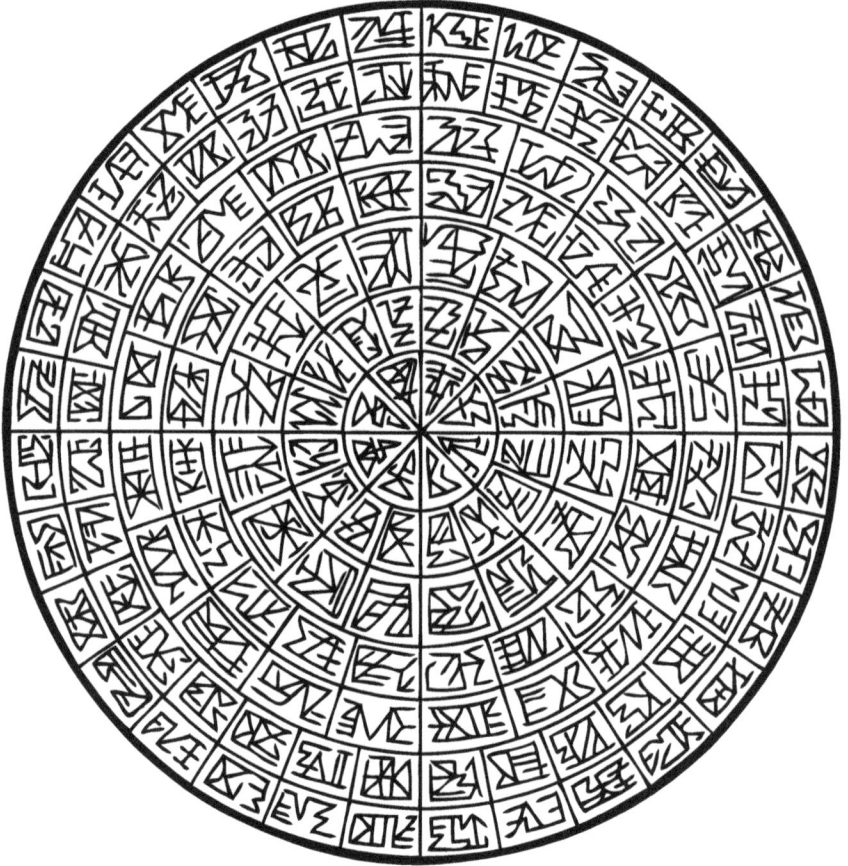

Tijd is een gereedschap in plaats van een realiteit. Het helpt de illusie van vorm in stand te houden. In tijdloosheid verliest de tirannie van de verschijning dat vorm vast is haar greep.

Ik hield een verslag van mijn reis bij, zonder na te denken of sommigen dit zouden geloven of anderen de spot zouden drijven. Zoals een verkenner drijvend op een eindeloze zee, bracht ik de rijken die voorbij de geest liggen in kaart, hopende dat ik de sleutels tot de poorten die de mensheid gevangen houden zou achterlaten.

De glorie van het leven, die zich onthult in haar facetten, leek desondanks niet echt te zijn. In een wereld van spiegels leven we en ik voelde een steeds grotere ontevredenheid. Door vrij te worden van ons denken ontsnappen we aan onze beperkingen en kunnen we duidelijker zien. Maar voorbij tijd en ruimte en de illusie van vorm ligt nog meer dat niet echt is.

Voorbij alle vorige grenzen in de rijken van tijdloosheid, waar zelfs de illusie van het moment weg valt, ging ik op zoek naar de grens van oneindigheid. De energievelden van mijn lichaam barstten open door de druk toen ik zag dat de spiegels zich eindeloos herhaalden.

De barsten, veroorzaakt door pijn en smart van het hart, brachten een grote zegening. Meer licht kon ik nu bevatten, meer helderheid kreeg ik toen ik transfigureerde in onsterfelijkheid.

Volledig stil werd de geest, zoals een meer dat ongestoord in het maanlicht ligt. Schrijven en spreken gebeurde automatisch, ongehinderd door een enkele gedachte.

De talen van de koninkrijken, de geheimen van subatomische bouwstenen van het leven – alles wat ik diende te weten verscheen. Het zoeken door de kosmos diende niet langer een behoefte.

Terwijl ik voor mijn haard zat of wandelde in een drukke straat, opende de hemelpoorten zich. Grote wonderen kon ik zien. De meervoudige lagen van spiegels die onze kosmos omringen waren niet meer dan lagen van een membraan, net zoals die in de huid.

Bundels van kosmossen, net zo uitgestrekt als de onze, lagen langs een spiraalvormig pad. Twaalf andere spiraalvormige paden van kosmossen ontdekte ik. Een bundel vormen ze, één van de velen die zich uitstrekken tot in de oneindigheid.

Geen behoefte om door de rijken van mysterie te reizen. Niets leek ontoegankelijk voor mij. Mijn lichaam transfigureerde in onsterfelijk meesterschap.

Wiel van Atlantische Engelen

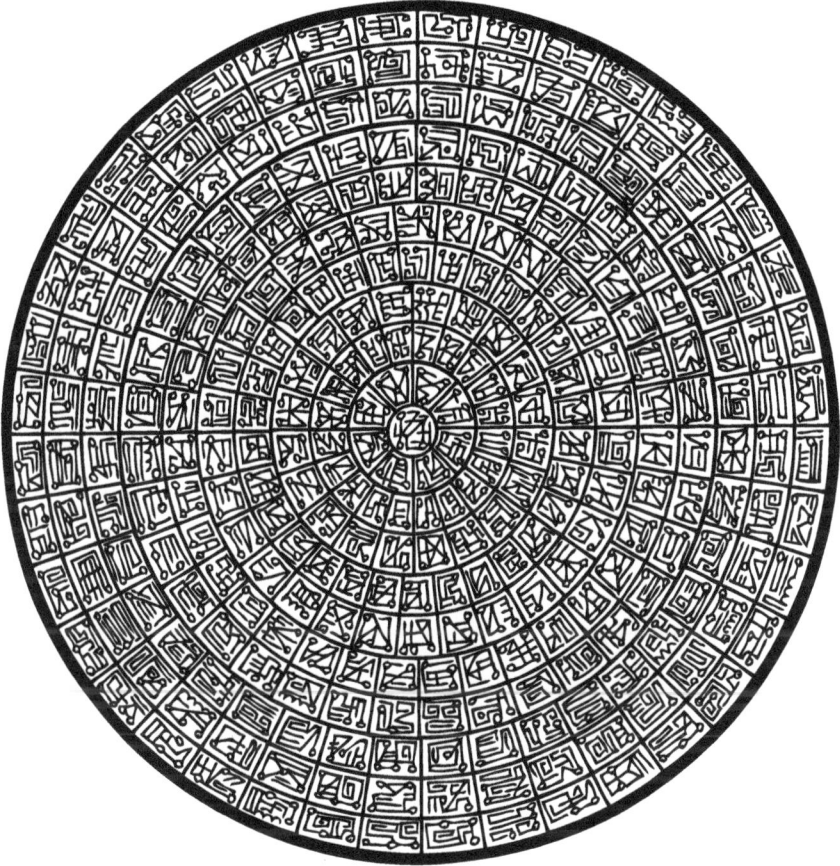

Het moment wordt gedefinieerd door wat het niet is. Alles wat te definiëren is, is onwerkelijk.

Terwijl ik observeerde en leerde van wat ik kon zien, waren de antwoorden die ik kreeg diepgaand. Groots als de spiralen die zich uitstrekken in de oneindigheid zijn, waren ze niet meer dan de weerspiegelingen van een DNA-streng.

Indien men zou staan in een spiegelpaleis, zo gaat een oneindige reeks van beelden terug in alle richtingen. De kleinste beweging heeft invloed op alles. Zo is het met het leven. Al de grote, ingrijpende veranderingen van de zich eeuwig ontvouwende werkelijkheid zijn slechts een projectie door de kleinste bouwstenen van het leven.

Door het hart van de subatomaire deeltjes van het leven schijnen de beelden van de zich ontvouwende onveranderlijkheid van het Ene Leven. Dit was de aard van de Droom.

Wiel van Lemurische Engelen

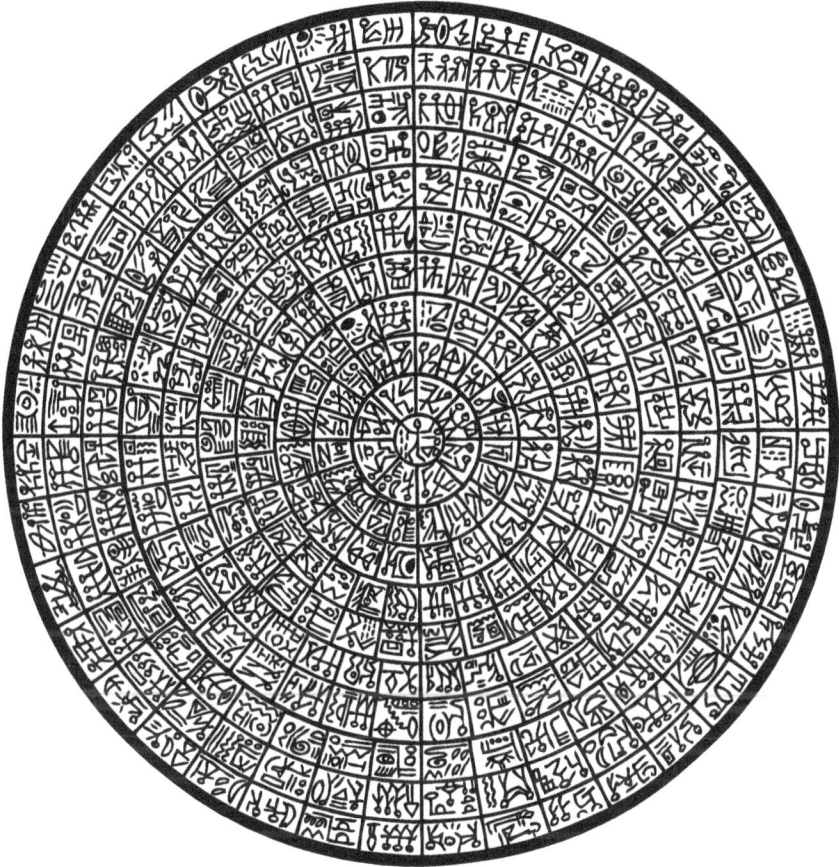

*Door de bouwstenen van het leven, verlicht de Oneindige de
kosmische ontvouwing op een eindeloos podium.*

Doorheen de onmetelijke ruimte heb ik gekeken, maar slechts spiegelbeelden waren zij. Zoals alle weerspiegelde beelden, gaven de nooit eindigende weerkaatsingen het tegenovergestelde weer van wat is.

Nu keek ik door de harten van de subatomische deeltjes, de kleinste vensteropeningen in de eeuwigheid. Mijn dwaasheid werd daar onthuld. Er is geen onmetelijke uitgestrektheid of microscopische kleinheid; geen binnen of buiten, omdat tegenovergestelden niet onafhankelijk van elkaar kunnen bestaan.

In het uitwendige woont het innerlijke. In het wakker worden verblijft de droom. In de ontvouwing van de kosmos, ligt de eeuwige onveranderlijkheid. Ik zocht naar de velen binnen de Ene, maar alles wat ik kon vinden was mijzelf.

Maar in de spiegel zag ik duidelijk dat diverse levensvormen dansten op het podium van het leven. Hoe kon het zijn dat er geen ander was? Waar ging hun schoonheid heen?

Diep in mijn hart werden deze woorden gefluisterd: "De schoonheid die je zag was de jouwe. Nooit kan de onmetelijkheid van de oceaan verdeeld worden of gedefinieerd.

Er is slechts Eén Wezen in het bestaan die zich uitdrukt in vormloze vorm. De spiegel die je jezelf hebt voorgesteld, zoals een vinger die wijst naar het zelf, toonde je wat je niet bent, zodat je jezelf zou kennen."

Dan dient mijn vorm ook onecht te zijn, gedefinieerd door wat niet is. Het podium waarop ik mijn leven dans, gevormd door de kleine bouwstenen, is ook een illusie. Ben ik dan een hol bot dat nooit echt bestaan heeft?

"Zonder het holle bot, kun je nooit de fluit creëren. De adem van Oneindig leven die beweegt door de fluit, maakt uitzonderlijke muziek."

Onbezorgd zal ik dan dansen. Geen zelfreflectie zal ik zoeken. Want spiegels waren nooit in staat het Ene Leven te tonen dat spontaan door me heen beweegt. Binnen de beperkingen van illusionaire vorm, zal ik dankbaarheid voelen, wetende dat dit het doel dient van het Ene Leven, dat van spontane creativiteit.

Al het leven is het onkenbare. Er valt niets te begrijpen, niets om naar te streven om te worden wanneer we een uitdrukking van de Ene zijn.

En toch is de schepping de Schepper. In het Ene Leven kan er geen relatie bestaan. De tegenstelling omarmen is het leven van een leven in vrede.

Wiel van Samenvoegende Realiteiten

De Boekrollen der Oneindigheid

Hoe ver heb ik gezocht, hoe hoog heb ik gevlogen, om uiteindelijk de vrede van overgave te kennen? Door het Ene Leven geschapen – dit kosmische thuis waar ik alle dingen ben, maar toch altijd alleen.

Maar met onze vleugels dienen we ook wortels te hebben waarmee we van de dingen op Aarde kunnen genieten. De heilige bibliotheken met geschenken zo diepgaand kunnen, door diegenen die kunnen zien, in vele landen gevonden worden.

Hoor nu hun wijsheid, lang bewaard. Begraven zijn ze onder het zand van de Aarde.

Boekrol der Oneindigheid 1

De Boekrol der Oneindigheid 1

Wat is onsterfelijkheid meer dan het verlengen van een lang vergeten droom? De zoektocht naar permanentie is de dwaasheid van de geest, die vasthoudt aan structuur, en weigert het verleden achter zich te laten.

Wanneer stilte en beweging binnenin één worden, kan onsterfelijkheid oneindig lang worden bestendigd. Maar om dezelfde te blijven zonder fluïditeit is, binnen het Ene Leven, een onmogelijkheid.

Zwicht niet voor de dood maar wordt meester over het leven en verander dan je vorm zoals wolken in de hemel. In de dans van de regen of het stromen van de rivier, laat de dans van het leven zich ontvouwen door jou.

Boekrol der Oneindigheid 2

De Boekrol der Oneindigheid 2

Laat het lichaam niet regeren, maar wordt meester van haar behoeftes. Het lichaam is een instrument, een vergankelijk veld in de ruimteloze ruimte van de Oneindigheid. Alles wat we rondom ons zien is, totdat we het bestaan ervan bevestigen, slechts een mogelijkheid.

Het lichaam lokt ons te denken dat we weten. Het verschaft de illusie van een referentiepunt binnen eeuwige stroom. Zoals de voeten van de danser, moet het gehoorzamen. In extatische eenheid met het Oneindige, is de dansers' dans niet de zijne. Noch op succes, noch op falen kan hij aanspraak maken, enkel op de eenheid met het Ene Leven.

Boekrol der Oneindigheid 3

De Boekrol der Oneindigheid 3

Diegene die denkt te weten is gevangen in de cocon van het gekende. Diegene die leeft in het onkenbare vliegt zo vrij als de vlinder.

De illusie van het gekende houdt ons in een aardegebonden perspectief, zoals de rups die kruipt over het blad, onwetend dat boven hem de vlinder danst in de wind. Voor zo iemand ontgaan de mogelijkheden van het leven.

Geen matrix of programma of gestructureerde uitkomst kan er bestaan. Dit zijn de illusionaire nakomelingen van de Grote Bedrieger – de rationele geest. Bedrogen door de zintuigen en gelokt in een denken dat het leven voorspelbaar is, doet het leven zich schijnbaar voor als definieerbaar. In plaats daarvan ontvouwt het zich telkens opnieuw in haar uitdrukking.

Boekrol der Oneindigheid 4

De Boekrol der Oneindigheid 4

Door het verweven van geloofsystemen hebben we een web van subcreaties gecreëerd. De draden van onze overtuigingen komen voort uit onze pogingen het leven te beheersen door de werkelijkheid te maken en te definiëren.

De Schepping is een illusie – slechts een verbeelding. Het is slechts wanneer we geloven dat het echt is dat het spel een illusionaire vorm aanneemt. Niets nieuws kan gecreëerd worden op het podium van het leven want het onveranderlijke en het veranderlijke verblijven samen als één in het Oneindige Leven.

De illusies, zoals schaduwen op de muur, zijn opgeroepen doordat wij niet zien dat we het leven niet hoeven te creëren, maar slechts dienen mee te doen in haar eindeloze verassingen.

Boekrol der Oneindigheid 5

De Boekrol der Oneindigheid 5

Dat alle dingen een begin hebben, is er aangenomen. Dat een beginpunt voorafgaat aan creatie houdt een dubbele illusie in zich: want niets is gecreëerd en niets is begonnen. Eeuwig hebben we verbleven, ons uitdrukkend als de Ene.

Zoek de oorsprong van het leven niet. Val niet ten prooi aan de verslaving te begrijpen. Want de geest fixeert zich op zekerheid en biedt weerstand aan de bewegingsloze, onkenbare stroom.

Er is geen lineariteit, geen oorzaak en gevolg wanneer we verblijven in tijdloosheid als het Ene Eeuwige Wezen.

Vormloosheid Omarmen

En velen, nieuw ontwakend in de dageraad, die wensten vrij te worden van de droom, kwamen samen om te vragen wat hun harten reeds wisten – hoe het leven meer was dan het leek…

Almine

Waarom is het zo dat als er meer dan één iemand gezien wordt, dat allen toch moeten bestaan als slechts Eén Wezen?

Wanneer je ontwaakt uit de droom van het leven, een vormloze vorm in de eindeloze zee van het leven, heeft men nieuwe hulpmiddelen nodig voor ruimteloze ruimte; om te dansen met het Ene Leven in een paradoxale omarming. Laat meerzintuiglijke waarneming de vijf zintuigen vervangen. Wanneer de behoefte om te weten oplost, vindt er moeiteloos weten plaats.

Dan zal je de adem van de wind proeven. Het geluid van de muziek zal je zien. Je zult de gevoelens van het hart van een ander horen zoals muziek drijvend op een bries.

Maar waarom zien onze ogen ruimtelijk en verdeelt en bedriegt ons zicht?

Het bedrog in de visie komt door het bedrog dat wordt geloofd. We geloven dat vorm statisch is, dat het echt is wat we zien.

Hoe kunnen we van dergelijk bedrog ooit vrij zijn?

Door de ketens te verwerpen dat we denken te weten; door te leven als een kind, en het onbekende te ontdekken.

En vertel ons nu over spraak...want datgene dat bevestigd wordt, wordt werkelijkheid.

Wanneer je communicatie ontvangt, luister dan niet met je oren. Laat alle zintuigen en het hart luisteren naar wat er achter de communicatie zit verscholen. Assimilatie kan niet plaatsvinden wanneer er gedachten in de geest zijn. Wanneer gedachten worden gestild, vind je daar de ware intentie achter taalgebruik.

Is taal dan een verouderd middel om de realiteit te bevatten?

Je kunt net zo goed proberen een vallende ster te pakken – of te reiken naar de eeuwigheid.

Waarom weerhouden we ons dan niet van spreken als er niets te winnen valt?

De enige taal die wie dan ook kan horen is het eeuwige lied van het Ene Leven. Waar slechts Eén Wezen in werkelijkheid bestaat, hoort communicatie niet thuis. Communicatie maakt deel uit van de grote samenzwering van het leven. Om te kunnen dansen, doet het alsof er dualiteit is.

Maar is taal dan vriend of vijand wanneer het de woorden van de ander filtert?

Speel het spel dat het leven ontwerpt, maar herinner dat niets gehoord kan worden ...

Wat is de zin van het spel te spelen wanneer het slechts waarheid is dat ik zoek?

Zoek niet naar datgene waarin je verblijft. Waarheid is het Wezen van het Oneindige. Het spel dat je speelt is ter wille van jou gemaakt, om je van uiterlijkheden te bevrijden. Zonder te doen alsof, is er geen dans van geïndividualiseerde vormen. Door het doen alsof relatie bestaat, worden diverse uitdrukkingen geboren.

Vertel ons van de cycli van het leven, over datgene wat vooraf ging.

Ingebeelde stadia van een Droom, niets meer.

Maar zijn we dan nu in cycli die zich eindeloos herhalen? Misschien slechts grotere dan we voorheen hebben gezien?

Cycli komen voort uit lineaire tijd dat als een spiraal rond en rond draait. Waar we dit ook terugvinden, daar vinden we cyclische veranderingen.

Is er dan niets te veranderen wanneer we in veranderloze verandering verblijven? Wat is onze verantwoordelijkheid? Alsjeblieft, vertel deze antwoorden.

Er is geen verantwoordelijkheid van jouw kant nodig wanneer de Oneindige ontvouwing zich uitdrukt door jouw hart.

*Maar zeker toch, wanneer in Eenheid ik zetel en in stille overgave
ik blijf, dat dit dan bijdraagt aan het oplossen van de illusies om me
heen?*

Er is enkel perfectie; zelfs illusie speelt haar deel. Er valt niets
te verbeteren. Leef gewoon authentiek door het hart.

*Waarom is perfectie niet zichtbaar en lijkt het alsof chaos regeert?
Waarom is er schijnbaar gebrek en bevinden velen zich nog steeds in
pijn?*

Vanuit een kleiner gezichtspunt kan een hogere orde niet
worden gezien. Het lijkt als chaos, lukraak gecreëerd. Pijn is
het resultaat van het onmogelijke te proberen; de dans van
het Ene Leven tegen te werken. Door onze weerstand vloeit
pijn voort.

Welke boodschap geef je als je ons verlaat vandaag?

Je kunt niet dat achterlaten wat je bent. Wij zijn Eén en
dezelfde …

De Wijsheid van de Ziener

Wanneer de richtingen thuiskomen in het hart en er geen lineariteit meer is, worden we de deur naar alles.

Moed is slechts nodig om de bezwaren van de geest te stillen. Als de geest stil is, gaat juist handelen automatisch.

De Aarde is mijn wieg en de hemel mijn deken. Waar ik
ook ga, ik ben thuis.

De geest creëert spiegels en vecht er vervolgens tegen.
Wanneer ik wacht in stilte, onthult al het leven zichzelf
aan mij.

Het Leven verandert, doch verandert ook niet. In haar
ontvouwen verandert één vorm in een andere. Hoewel
het destructief mag lijken, bestaat er enkel spontane
perfectie.

Waar we naar kijken consolideren we. Wat we ervaren
ontvouwt zich in eindeloze mogelijkheden.

Wat echt is, is onvergankelijk en onveranderlijk. Door de onechtheid van vorm schijnt het echte en gloeit het Ene Leven.

Wanneer handelen geen agenda bevat, worden doen en zijn één. Ontspannen rust sluimert in mijn werk. Werk wordt niet langer werk.

Schoonheid kan enkel worden waargenomen als de
geest stil is en het hart open. Wat is schoonheid meer
dan een vluchtige glimp van de Eeuwigheid?

Daar waar verdeeldheid is, daar is illusie. Wanneer iets
gedefinieerd kan worden, is het onecht.

Wetende dat het leven een droom is, kunnen we lucide
dromers worden, meesters van de droomomgeving.
Realiteit wordt vloeibaar in plaats van statisch en een
leven van wonderen volgt.

Leven in geen-tijd betekent niet dat je geen aandacht
besteedt aan wat voor je ligt, maar dat hetgeen wat voor
je ligt alles is dat er is.

De ingewijde weet dat hij zijn omgeving kan veranderen
door zichzelf te veranderen. De meester kent geen
verschil, maar geniet van zijn omgeving als zichzelf.

De noodzaak aan externe wetten om de innerlijke
wereld van de mens te regeren impliceert dat hij
een gevolg is van omstandigheden in plaats van een
uitdrukking van het Ene Leven.

Een gemeenschap kan een zegen zijn of een ketting
die bindt. Het is slechts als een middel bedoeld om de
individuen er binnen te dienen, niet als een tiran die eist
dat ze het masker van conformiteit dragen.

Het lichaam is een vervangbaar veld dat door een ander
vervangen kan worden. Het is slechts een dienaar. Het
ware deel van ons is de meester.

Onze omgeving kan dienst doen als een weerspiegeling
van wat we zijn omdat het ons is. Het is slechts
een eigenaardigheid van ons zicht dat we het als
afgescheiden zien.

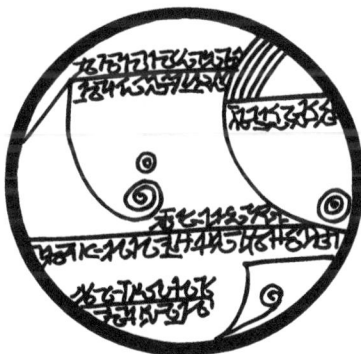

Zelfvertrouwen is het resultaat van ego-identificatie van
het kleine zelf. Zelfgeloof is het resultaat van bewust
zijn van onze onfeilbaarheid als het Ene Leven.

Genade komt voort uit schuldgevoel. Schuldgevoel komt voort uit oordeel en oordeel vanuit een niet in staat zijn te zien dat alles dat bestaat een doel dient, anders zou het er niet zijn.

Wanneer we terugkijken, komt het verleden tot leven in het heden. Als we vooruitkijken, creëren we een toekomst met enkel de mogelijkheden van het moment en zonder de bijdrage van nog komende momenten.

Om voorbij de grenzen van sterfelijkheid te leven,
dienen we vanuit de kern van ons wezen te leven en als
een aanwezigheid zo omvangrijk als de kosmos die een
menselijke ervaring heeft.

Wil er totale Eenheid bestaan, dan dienen alle wezens
androgyn te zijn, hun mannelijkheid en vrouwelijkheid
tot één vermengt in een perfect harmonieuze unie.

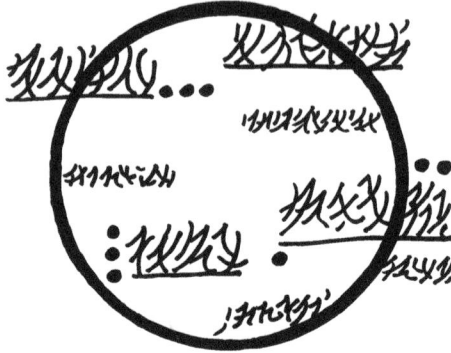

Elk geprogrammeerd gedrag dient op te lossen in de vloeibare uitdrukking van het Oneindige door ons heen. Dit houdt ook de geconditioneerde verwachtingen in rond de uitdrukking van mannelijkheid of vrouwelijkheid.

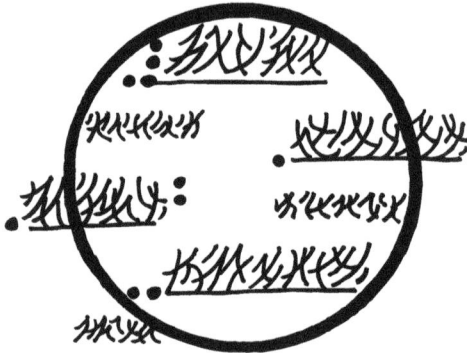

Alles als mogelijk omarmen gebeurt wanneer alle definities en verwachtingen oplossen.

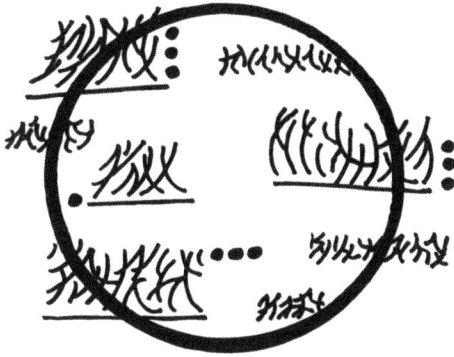

Als leidingen voor de stroom van Oneindige bronnen, dienen we onszelf eerder te zien als beheerders dan als eigenaars.

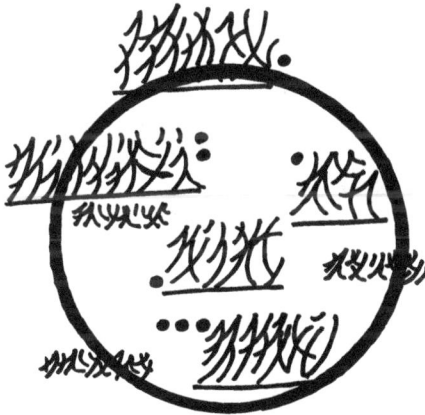

In het één zijn met het Ene Leven heffen we illusie in onze omgeving op, altijd verblijvend in heilige ruimte.

Wat is de Droom van het leven meer dan de ongezongen
noten die sluimeren als potentieel in de muziek?

Waardeer de rol van illusie, want datgene waarvan niet
is ingezien wat de geschenken zijn die het brengt, wordt
vervormd in haar expressie.

Individuatie komt voort uit de schaduwen die datgene
omringen dat door het Ene Leven wordt verlicht.

Het helen van dualiteit betekent niet het beëindigen van
het lied door alle noten tegelijkertijd te spelen, maar
door er voor te zorgen dat elke noot die gespeeld wordt
het geheel erin weerspiegeld.

Zelfs indien de illusionaire vorm zou sterven, zolang als we zonder enige twijfel weten dat we niet datgene zijn dat vergankelijk is, zal een andere vorm onmiddellijk de vorige innemen.

Niemand is echt vrij wanneer hij het masker der identiteit draagt. Hij wordt een marionet in de handen van anderen.

Zoals spinnenwebben motten vangen, zo vangen
programma's de menselijke ziel. Bevrijd je van hen met
al je kracht.

Het levenslied wordt disharmonieus wanneer we
focussen op illusie, de niet gezongen noten van het
leven. Onze focus verandert ze van potentieel geluid in
eigenlijke onwelluidende tonen.

Wanneer we leven vanuit de volheid van Oneindige
Aanwezigheid, blijft alleen de illusie die de dans
ondersteunt overeind. Dat wat de gratie van de danser
ondermijnt lost op.

Schoonheid zoals gezien door de ogen is de illusionaire
schoonheid van vorm die, net zoals een pot van klei,
vandaag verrukking brengt en morgen uiteenvalt.

Wanneer verandering lineair is, worden we uit
de onschuldige puurheid van tijdloosheid gerukt
door te reiken naar toekomstig potentieel. Wanneer
verandering exponentieel is, komt toekomstig potentieel
nu.

Wanneer schoonheid wordt gezien met het hart,
verbinden we het echte deel van onszelf met het echte
deel van het leven. We betreden het Ene Leven.

Gedachten houden het verleden op zijn plaats, als
verkalkingen die het heden beperken. Alleen door
gedachten te vervangen met moeiteloos weten lossen
deze op.

Vorm en tijd zijn verbonden als twee vleugels van de
ingebeelde vogel van lineaire progressie. Wanneer we
leven in geen-tijd worden we ongehecht aan vorm.

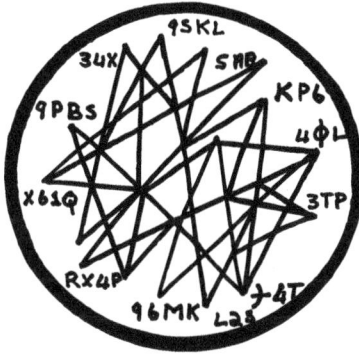

Overvloed aan middelen wordt de onze wanneer we uit de beweging van het leven stappen, dat tijd is. Wanneer we het stiltepunt worden, komt alles tot ons.

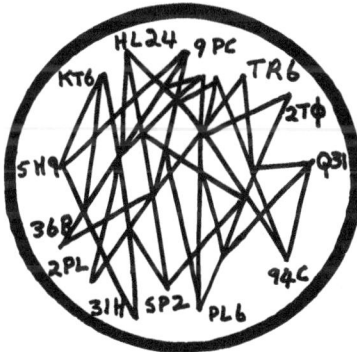

Spijt komt wanneer we geloven dat we successen en mislukkingen hebben gehad. Als onderdeel van de Droom van het Ene Leven, stroomde het leven gewoonweg door ons.

Ons kleine zelf heeft geen vrijheid van keuze. Al het
leven wordt gedirigeerd door het Ene Leven. De enige
manier om vrij te worden is door het Ene Leven te
worden.

Oorzaken binnen de Droom creëren geen gevolg. Het
Ene Leven doet dit wel. Wanneer we ophouden met
proberen het leven te beïnvloeden, vloeien wonderen
door ons heen.

We geloven dat we los van onze omgeving kunnen
veranderen. Maar we zijn alle dingen. Wanneer wij
veranderen, verandert alles.

Dichtheid bestaat niet. Eén deel van de oceaan kan niet
dichter zijn dan een ander binnen de ondeelbaarheid
van het leven.

Vrede in de wereld komt door de vrede in onszelf.
Vrede binnenin komt voort uit het innerlijke huwelijk
van ons mannelijke en vrouwelijke tot perfecte eenheid.

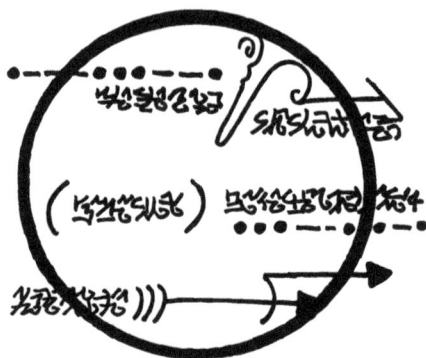

Wanneer we het leven trachten te herstellen weerstaan
we het leven, wat oordeelt en verdeelt. Erkenning van
heelheid verheft.

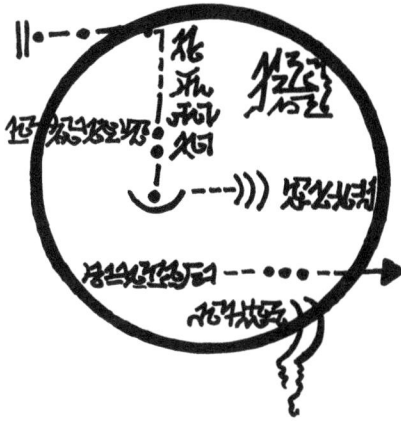

Achteruitgang is slechts aanwezig wanneer er
weerstand is tegen het leven. De werkelijke aard van het
leven is onvergankelijk.

Er bestaat niet zoiets als orde wanneer het gedefinieerd
wordt als structuur. Dit is slechts een controlemiddel
gecreëerd door de geest.

Er bestaat niet zoiets als chaos. Geen gebreken kunnen
er bestaan in het Ene Leven. Chaos is slechts de manier
waarop we datgene beschrijven dat ons begrip te boven
gaat.

Alwetendheid is niet toegankelijk door de geest maar
komt als de moeiteloze en spontane uitdrukking van
het hart.

Op geen enkel ogenblik vereist het leven dat we het begrijpen. Het Ene Leven weet alles en vanuit ons kleine perspectief is het onbegrijpelijk.

Elke relatie is een illusie binnen het Ene Leven, zelfs de innerlijke relatie tussen de waarnemer en het waargenomene.

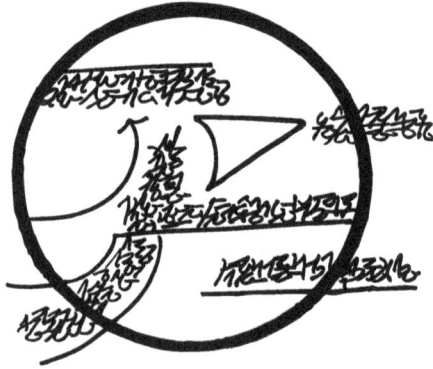

Zelfreflectie verhindert de zuiverheid van spontaan
leven door het creëren van relatie met onszelf.

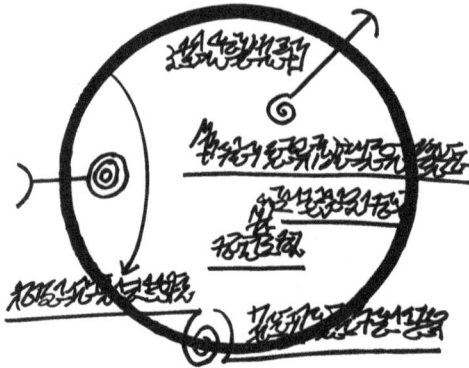

De al-kennis en de kunde van het Ene Leven is de
onze om gebruik van te maken. Dat leren vereist is om
uitmuntendheid te bereiken is een illusie.

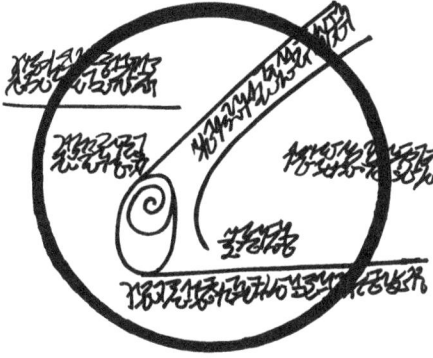

Het leven rondom ons ligt in onderling vervlochten velden van mogelijkheden die slechts tot leven komen wanneer het lied van onze levens ze tot leven wekt.

Ontvouwing lijkt beweging, maar dat is slechts een illusionair kunstje van onze zintuigen. Er is geen beweging want er is geen ruimte noch richting in het Wezen van de Ene.

Alle niveaus van bewustzijn zijn gelijkwaardig in hun
bijdrage tot de Ene. Dezelfde volmaaktheid stroomt
door de wijze als door de dwaas.

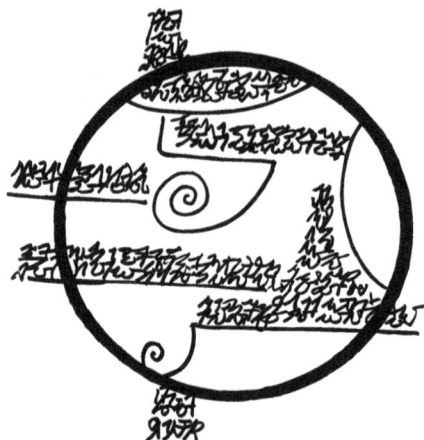

De stroom van het leven is niet beweging. Dat is een
illusie te wijten aan het achtereenvolgend accentueren
van eeuwig bestaande velden, zoals noten die gespeeld
worden op een piano.

Velen waarderen kennis en zoeken het boven alles.
Maar wat is kennis meer dan de statische perceptie van
het leven dat zich gisteren ontvouwde?

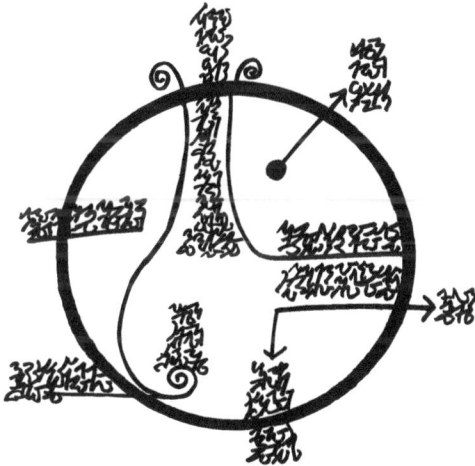

Er kan geen hiërarchie bestaan in kennis wanneer het
gedefinieerd wordt als het moeiteloos begrijpen in het
moment – een geschenk beschikbaar voor allen.

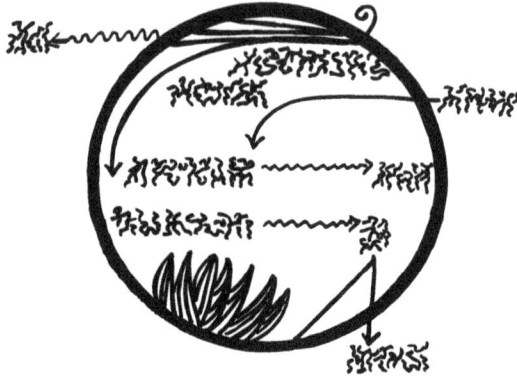

Schoonheid die de ongehinderde expressie van het Ene
Leven weergeeft kan niet veranderen of vervagen.

Er kan geen hiërarchie bestaan in schoonheid wanneer
elke geïndividualiseerde levensvorm een uniek facet
van het zich ontvouwende leven uitdrukt. De lelie kan
niet schoner zijn dan de roos.

Schoonheid, als de ware uitdrukking van het Oneindige Leven, moet zichzelf vernieuwen in tijdloosheid. De kosmos ondersteunt niet het statische.

Wanneer geliefden bezwijken aan de dood zijn we wellicht niet in staat om met hen te communiceren tussen de rijken, maar we kunnen dit wel binnen de Eenheid van ons Wezen. De dood kan dit niet verdelen.

In de erkenning van de eenheid van de mens, worden
de diverse perspectieven van de stammen van de
mensheid de onze en verrijken we van binnen.

We denken dat we het gewicht van de eeuwen dragen
maar voor het Ene Leven is er slechts een moment
verstreken.

De sleutel om van het bewegende wiel van lineaire tijd
in de stilte van het Ene Leven te stappen, is het loslaten
van het concept van relatie door het begrip dat er slechts
Eén Wezen is.

Lagen van illusie zullen niet loslaten totdat hun
waarde wordt gezien. Aanvaarding is het begin van
verandering.

Afscheiding heeft voor comfort gezorgd voor de
onderdelen van de Schepping die op verschillende
snelheden ontwikkelen. Herken dit, zodat afscheiding
plaats kan maken voor Eenheid.

Het veranderen van de kosmos van een rups in
een vlinder mag catastrofaal lijken, maar enkel
vanuit Oneindige visie kan de perfectie van deze
veranderingen gezien worden.

De Droom heeft de kosmos verfijnd tijdens haar
incubatie stadia. De gereedschappen van de
Droom waren tijd en ruimte. Deze kunnen nu met
dankbaarheid worden losgelaten.

Er is geen beginpunt noch eindpunt. Er is geen behoefte
aan haast of streven wanneer het leven gezien wordt
vanuit dit eeuwig perspectief.

Geen enkele goedkeuring van anderen kan ooit geldig zijn, want zij kunnen niet de unieke perspectieven en bijdragen van onze levens begrijpen.

Geen zelfwaardering is nodig omdat we geschapen zijn ter wille van vreugde. Er valt niets te bereiken behalve intens genieten van het leven.

Oppositie dient dankbaar erkend te worden als een gereedschap van Individuatie. Het is datgene wat de vreugdevolle dans van relaties mogelijk heeft gemaakt.

Niets in het leven is ooit uit de hand gelopen. Het lijkt slechts zo vanuit ons beperkt gezichtspunt.

Waarheid is het enige dat bestaat en is het fundament
van het leven. Illusie is het tijdelijk gereedschap van
waarheid.

Hiërarchieën in het leven brengen verdeeldheid
tenzij we realiseren dat we zowel de hoogte- als de
dieptepunten van het leven zijn; de hoge noten en de
lage noten van de symfonie.

We voelen ons dikwijls verantwoordelijk voor het
behoud van harmonie in onze omgeving. Vanuit het
hogere perspectief is er slechts harmonie, en is er dus
niets om te behouden.

Beschouw de perfectie van het leven en het
zal zich aan je tonen in eindeloze synchroniciteiten.

De schaduwen in onze levens zijn niets meer dan
de spelletjes die we met onszelf spelen om voorheen
ontoegevelijk potentieel uit te drukken.

Of we nu worstelen tot ontwaken of toestaan dat het
moeiteloze tot ons komt, ieder inzicht komt op het
exacte moment dat het bedoeld is door het Ene Leven.

Door ons, en ondanks onszelf, drukt het Ene Leven zich perfect uit. De zachtste viool en de meest donderende trommels spelen gelijkwaardige rollen in de symfonie.

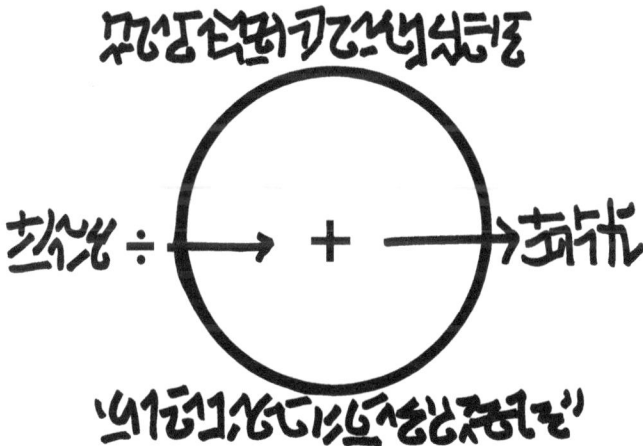

Het leven is een perfect georchestreerd toneelspel en elk wezen speelt zijn deel. Zelfs al is er schijnbare apathie van één van de acteurs, het staat geschreven in het script.

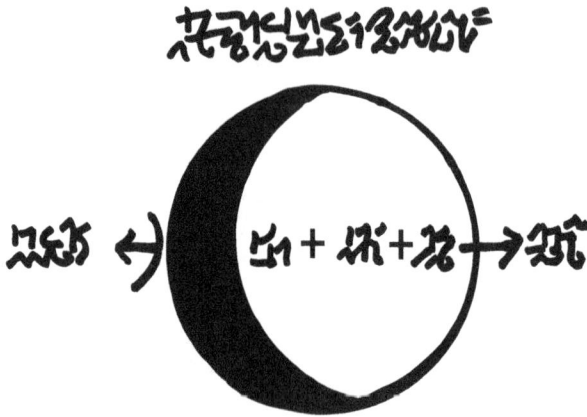

Het leven draait op één punt. Ieder van ons is zo'n scharnierpunt, die het geheel beïnvloedt met iedere actie op ieder moment.

Grootte betekent niets voor het Oneindige, dat verblijft in ruimteloze ruimte. Omdat we de wereld zien als groot en onszelf als klein, denken we dat de wereld op ons van invloed kan zijn. In onze realiteit waar we een poort zijn voor het Ene Leven zijn we de oorzaak, niet het gevolg.

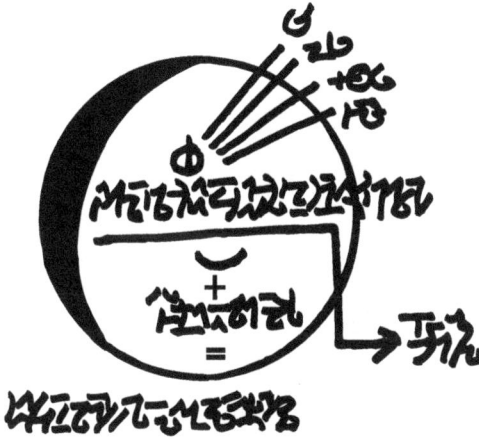

Het schijnbaar geluk van sommigen op de tredmolen van het leven is een illusie. Geluk is niet het vervullen van onze verlangens, maar vervulling zonder verlangens.

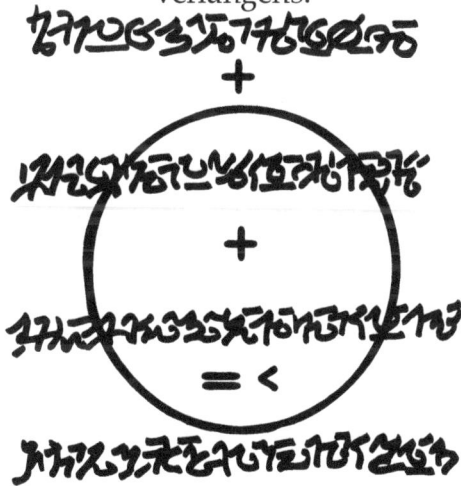

We aarzelen om te handelen voordat we zeker zijn dat we een gunstige uitkomst kunnen garanderen. Alle uitkomsten zijn gunstig in de goedaardigheid van het Oneindige.

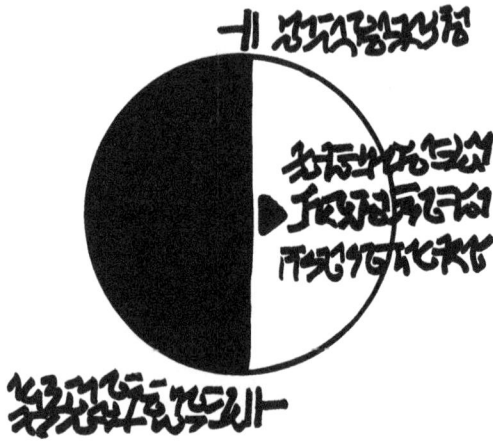

Laat het leven zich door ons heen ontvouwen op een spontane en argeloze manier, gewiegd in de wetenschap dat het leven goedaardig is voor alle individuaties.

Ons overgeven aan de eenzaamheid van het besef dat er geen ander wezen is dan Onszelf, doet ons overgaan naar het uiteindelijke volledige besef dat Wijzelf alle dingen zijn.

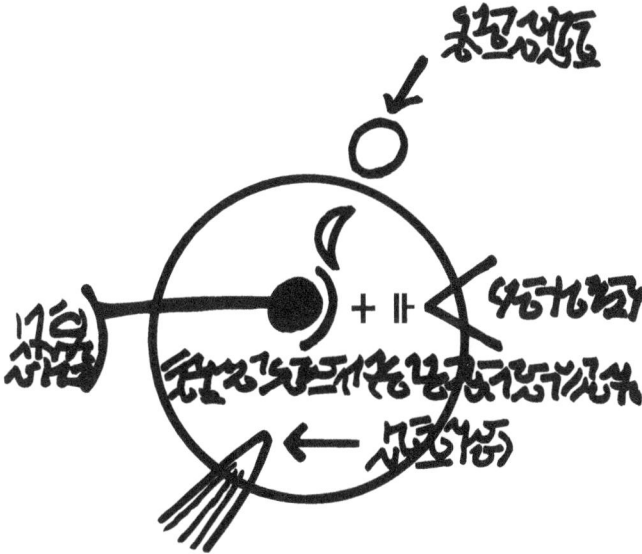

Alle comfortzones bestaan uit het vertrouwde en bekende, of men zich nu in ego-identificatie bevindt of in het meesterschap van expansie. Het leven dient onkenbaar te worden om één te worden met het Oneindige.

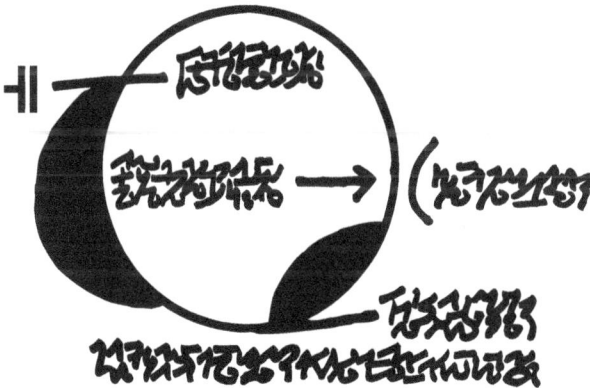

Er is geen groei nodig, maar er kan ook geen stagnatie zijn. Stagnatie dient plaats te maken voor het uitbundige voort gutsen van het Ene Leven.

Het is in het onschuldige ontdekken van het leven dat de meester geboren wordt. Laat onze mantra zijn, *Ik weet niets. Ik ervaar alles in de tijdloosheid van mijn wezen.*

De neiging om delen van het leven te benoemen om de rede te sussen en de illusie van voorspelbaarheid te creëren, maakt ons slaaf tot vorm. Om dit te omzeilen, ervaren we het leven met volledige aandacht voor het nu.

Hoe meer we focussen op één ding in de uitsluiting
van al het andere, hoe meer beperkt het leven wordt.
Focussen op één deel van het leven is vergelijkbaar met
proberen een tomeloze fontein in een emmer vast te
houden.

We zijn als poorten voor Oneindig mededogen.
Anderen liefhebben voordat we onszelf liefhebben is
niet mogelijk omdat het eigenliefde is die de deur opent
van het hart.

Buiten Goddelijk Mededogen zijn alle vormen van liefde
slechts subcreaties van de mens. Menselijke liefde bindt,
Goddelijk Mededogen maakt alle potentieel vrij.

Wanneer we niet leven vanuit de erkenning dat
het leven onderling verbonden is, veroorzaakt
de fragmentatie van het zelf de waanzin van
egocentriciteit.

Overtuiging is niet hetzelfde als juistheid. Toch volgen velen blindelings omdat ze in de waan verkeren dat ze het leven kunnen kennen, terwijl het leven in essentie onkenbaar is.

Genialiteit heeft geen intellect. Het is aanwezig in de meester met een lege geest in de vorm van moeiteloos weten.

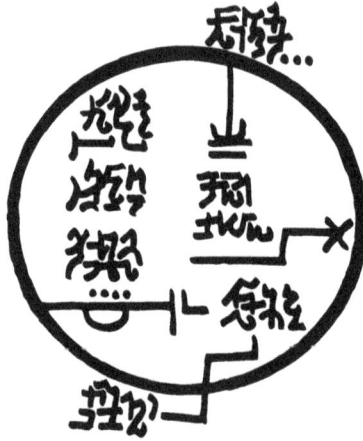

De angst om fouten te maken, gekoppeld aan het
besef dat het leven onkenbaar is, maakt dat de mens
vasthoudt aan fragmenten van waarheid van gisteren.
Het is in zelfgeloof als het Ene Wezen dat we het
verouderde loslaten.

We denken dat we talmen maar de kosmos ontvouwt
zich met een perfecte timing. We zijn altijd perfect op
tijd.

De timing van de dans van het leven is georchestreerd door wat lijkt op vertragingen. Vlekkeloos echter, is de timing van de passen in de dans.

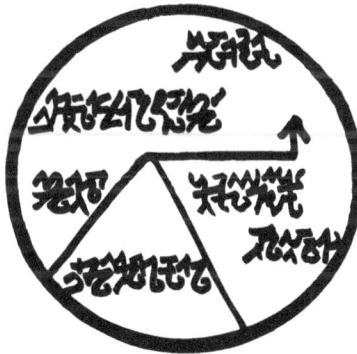

De diepgewortelde angst dat het Ene Leven zich destructief kan gedragen, komt voort uit het zien van de afbraak van het oude als cataclysmisch. Vanuit het grote, eeuwige perspectief geeft het leven gracieus toe aan ontvouwing.

De oceaan van bewustzijn, die elk van ons is, rouwt niet om haar verliezen noch verheugt ze zich in haar winsten. De oceaan in haar volheid heeft eb en vloed in een eindeloze expressie van zichzelf.

Zoals een eigenzinnig kind, de autoriteit van de leiding van het Ene Leven. Bekijk met goedaardig humeur de capriolen van de geest maar geef er, net zoals een wijze ouder, niet aan toe.

In het toneelspel van het leven, spelen diegenen die de planetaire lichtwerkers zijn ook de rol van archetypische draaipunten van het leven. Deze onbewuste kennis kan hen aanzetten de wereld te willen redden, echter het leven beweegt moeiteloos door hen.

Omdat het leven door ons heen beweegt, hebben we geen keuzevrijheid en dus geen verantwoordelijkheid. Het concept van vrijheid is zoals de hand die tegen het lichaam zegt, "Ik wil vrij zijn".

De stam is één van de timing mechanismen van het leven. Het tracht te binden door conformiteit, waardoor het individuen in middelmatigheid houdt. Diegenen die in uitmuntendheid willen leven moeten zich losrukken van de stam.

De wijsheid van gisteren beëindigde de droom van gisteren. Het heeft weinig toepassing op het beëindigen van de droom van vandaag.

Als je de tijger voert zal hij in plaats daarvan je hand
nemen. Het is niet moreel verantwoord om het onechte
te pacificeren of te sparen. Het is disfunctioneel.

De bestaande ontvouwing van het leven is niet
merkbaar omdat al het leven tegelijkertijd beweegt en
verandert. Dit zorgt ervoor dat er geen referentiepunt
is waaraan verandering gemeten kan worden. Leven is
volledig nieuw op ieder moment.

In de zoektocht naar de ontdekking van het zelf, zoeken sommigen het in anderen. De wijze zoekt het in de metafysica van de kosmos. Beiden zijn even geldig in de onthulling van het nooit eindigende mysterie.

Zelfkennis gaat Zelfliefde vooraf. Maar de enige zelfkennis die we ooit kunnen bezitten is dat we een onfeilbaar en zuiver instrument zijn van het Ene Leven.

Hoe meer we streven naar verlichting, hoe sterker de neerwaartse beweging om ons klein te houden. Levitatie moet gebalanceerd worden door zwaartekracht. Alleen in onveranderlijke verandering is er geen polariteit.

Om de ontvouwing van het Ene Leven te behouden, zullen onze inspanningen om verlichting in het leven te brengen de illusie van de schaduwwezens vergroten. Op deze manier is de kosmische symfonie altijd in harmonie.

"Er zijn geen schaduwwezens", zegt de leraar van het gekende terwijl hij rond zwemt in zijn illusionaire viskom van het leven. "Er zijn onechte schaduwwezens", zegt de leraar van het ongekende terwijl hij ze creëert door contact te maken met het niet geactualiseerd potentieel dat ze vertegenwoordigen.

De Schepping is een droom omdat in het Ene Leven individuatie nooit kan bestaan. In volledige samenwerking met het Oneindige wordt het een fijne droom.

Gestructureerde programma's van leven, zoals sociale conditionering, werken als een virus op het leven en veroorzaken een dissonante realiteit. Observeer de oorsprong van je handelen opdat deze niet voortkomen uit programmering.

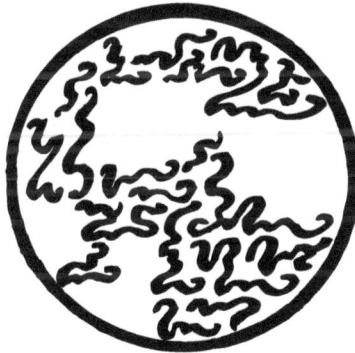

Zolang er enige programmering in ons leven bestaat, zijn onze gevoelens een onbetrouwbare bron voor de vertolking van het ontvouwen van het Ene Leven door ons heen.

Er is geen bestemming of lot. Geen goddelijke missie
die we dienen te vervullen die op ons wacht. Het
is de tirannie der rede die eist dat we ons bestaan
verantwoorden voorbij de vreugde om te leven.

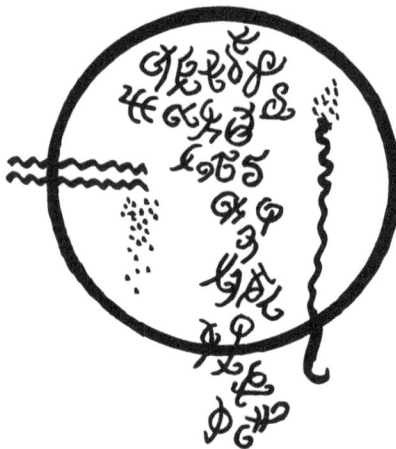

Velen geloven dat er sleutelmomenten zijn die we
dienen te benutten om de kansen van het leven te
maximaliseren. Omdat het leven onvoorspelbaar is,
kunnen deze alleen achteraf gezien worden en zijn ze de
niet te stoppen veranderingen in het tempo van het Ene
Leven.

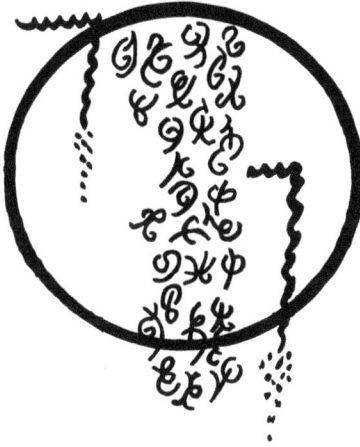

Fatsoen is niets meer dan de waarden van een ander die onze daden censureren. Laat het vrij zijn van bezorgdheid over de oordelen of opinies van een ander een bewuste beslissing zijn.

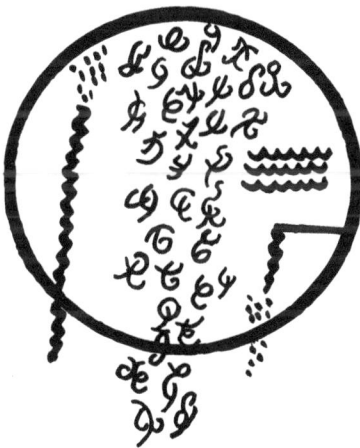

Spreken zonder authenticiteit bekrachtigt de masculiene, afscheidende kwaliteiten van het leven. Spreken vanuit het hart bevordert inclusiviteit.

Velen overreden middels het activeren van de subliminale tonen in de stem door overtuiging. Om je te behoeden hieraan ten prooi te vallen, luister met onthechting.

De taal van iemand die feiten weergeeft is doods. De woorden van iemand die spreekt vanuit het hart zijn levend. Dit is omdat ze het volle spectrum aan tonen bevatten.

Spreek slechts wanneer je hart je ingeeft dit te doen.
Slechts dan zullen je woorden androgyn van aard zijn.
Op deze manier spreek je de taal van het Oneindige
Leven.

Laat je spreken een oorzaak zijn in plaats van het gevolg
van het spreken van een ander. Het is meesterlijk om te
antwoorden maar dwaas om te reageren.

Verdedig jezelf niet. Welke behoefte is er voor diegene die verblijft in de onschuld van het Ene Leven om te willen bewijzen dat dit zo is? Enkel onschuld bestaat.

Diegene die spreekt kan niet luisteren. Het leven fluistert haar mysteriën in het oor van diegene die in stilte luistert.

Er zijn diegenen die in cirkels spreken en diegenen die
in een rechte lijn spreken. Luister naar de betekenis
achter de cirkel en voel de betekenis achter het voor de
hand liggende van de rechte lijn.

Vele programma's ontworpen door de geest, zoals
religie, hebben de waarde van het lichaam gereduceerd.
Dit zijn werktuigen om het onbeschrijfbare wonder van
het lichaam te controleren.

Het lichaam in zijn ware staat is niet onderhevig aan de
dood. Slechts wanneer zijn licht niet gekoppeld is aan
schittering kan het sterven. Schittering drukt zich uit
door authentiek leven.

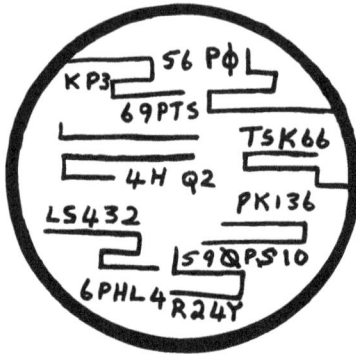

Reïncarnatie doet zich voor omdat we delen van het
leven vermijden. We slingeren dan door vele levens
tussen wat we willen vermijden en wat we omarmen.

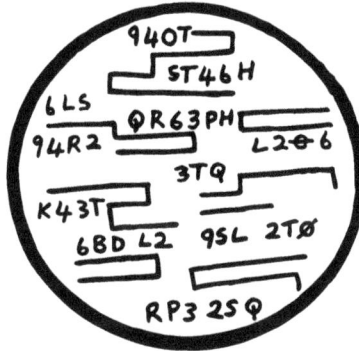

Wanneer we een geprogrammeerd leven leiden kunnen
we, zoals een mot in een spinnenweb, niet onderscheiden
wanneer een andere draad van onbewuste programmering
ons vangt. Vrijheid van geconditioneerdheid zal het
binnendringen van de gedachten van een ander verraden.

Laat er geen spijt bestaan over juist handelen. Iedere
handeling ondernomen vanuit authentiek leven komt
ten goede aan alle betrokkenen, of dit nu duidelijk is of
niet.

Hoe meer we de goddelijkheid in anderen zien en hoe
meer we eenheid erkennen, hoe meer hun unieke gaven
de onze worden.

Terwijl het leven door ons heen beweegt, kan haar dans
uitgevoerd worden met genoegen of met weerstand.
Genoegen komt voort vanuit een gevoel van avontuur
en de tevredenheid die het resultaat is van overgave.

Er bestaat geen geschiedenis. Er is geen toekomst die op ons wacht. Enkel het moment dat zich uitstrekt tot in de eeuwigheid.

Eenzaamheid is het begin van grootsheid. Het is de plaats waar we de Oneindige ontmoeten.

Uit loyaliteit wordt blindheid geboren. Zie anderen in
je omgeving iedere dag als nieuw, zodat je hen niet
gevangen houdt door hun dwaasheid te ontzien.

Alles wat zich voordien heeft voorgedaan heeft je
gebracht tot de volmaaktheid van het moment, het
begin van tijdloosheid en de geboorteplaats van Eeuwig
Leven.

Slot

Zegen de ketenen die je gebonden hebben zoals de rups in dankbaarheid schuilt in zijn pop. In incubatie hebben we gelegen, wachtend op ons binnentreden in de majestueuze aanwezigheid van het Ene Leven.

Zoals de vlinder die vliegt op de wind en zijn vleugels uitspreidt in de stralen van de zon, denk niet terug aan je begrenzing met een gevoel van spijt. Het is de baarmoeder geweest voor je geboorte in onvergankelijkheid.

Niet langer zal je jouw weerkaatsing nog zien op de muren van je begrenzing, of kijken naar het verwrongen beeld van je oude identiteit. Want datgene wat je geworden bent kan niet gedefinieerd worden door het beperkte referentiepunt van je oude, aan de Aarde gebonden bestaan. Niet langer sluimer je binnen de cocon van halfvergeten dromen. Je bent één geworden met het gras dat met overgave danst in de wind. Het kind en de ouder van het Ene Leven ben jij.

Boeken door Almine in het Nederlands

Shrihat Satva Yoga, De Yoga die Vorige Incarnaties Zuivert

Boeken door Almine in het Engels

A Life of Miracles, Mystical Keys to Ascension, 3rd Ed.

Arubafirina, The Book of Fairy Magic, 3rd Ed.

Belvaspata Angel Healing Volume I, The Healing Modality of Miracles, 2nd Ed.

Belvaspata Angel Healing Volume II, Healing through Oneness

Handbook for Healers

How to Raise an Exceptional Child, Practical Wisdom for Spiritual Mastery

Journey to the Heart of God, Mystical Keys to Immortal Mastery, 2nd Ed.

Labyrinth of the Moon, The Poetry of Dreaming, 2nd Ed.

Seer's Wisdom, Guidance for Spiritual Mastery

Secrets of Dragon Magic, The Sacred Fires of the Hadji-ka

Secrets of the Hidden Realms, Mystical Keys to the Unseen Worlds, 3rd Ed.

Secrets of Rejuvenation, Practical Wisdom for Physical Mastery

Seer's Wisdom, Guidance for Spiritual Mastery

The Gift of the Unicorns, Sacred Secrets of Unicorn Magic, 3rd Ed.

Lemurian Science of Immortality,

The Lemurian Science of Peace, Entering the Higher Reality of Mastery

The Ring of Truth, Sacred Secrets of the Goddess, 3rd Ed.

The Sacred Breaths of Arasatma, Alchemical Breathing Techniques of the Ancients

Windows into Eternity, Revelations of the Mother Goddess 5th Ed.

Irash Satva Yoga, The Yoga of Abundance, 2nd Ed.

Saradesi Satva Yoga, The Yoga of Eternal Youth

Aranash Suba Yoga, The Yoga of Enlightenment

Divinity Quest, Activating the Higher Matrix of Godhood in Your DNA

Elfin Quest,

Muziek van Almine

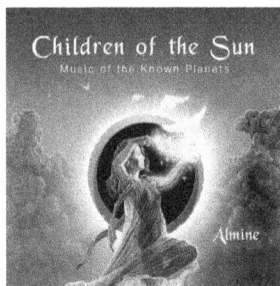

Children of the Sun (Kinderen van de Zon)

Muziek van de Bekende Planeten. De mooie interstellaire muziek elixers ontvangen en gezongen door Almine.

Prijs MP3 Download $9.95 USA,
CD $14.95 USA

Labyrinth of the Moon (Labyrint van de Maan)

Muziek van de Verborgen Planeten. Alle vocalen in deze elixers zijn door Almine ontvangen en gezongen in het moment.

Prijs MP3 Download $9.95 USA,
CD $14.95 USA

Jubilation - Songs of Praise (Vreugde - Lofliederen)

Muziek uit de hele wereld om het hart te verlichten en de luisteraar te inspireren. De buitengewone mystieke kwaliteit van de muziek en de uitstekende helderheid van de stem van Almine, creëert de indruk dat je omgeven bent door de aanwezigheid van Engelen.

Prijs MP3 Download $9.95 USA,
CD $14.95 USA

Bezoek de website www.spiritualjourneys.com voor locaties en data van de wereldwijde retraites, online cursussen, radio shows en meer van Almine. Bestel een van de vele boeken, CD's of MP3 downloads.

Veel van Almine haar boeken en online cursussen zijn beschikbaar in andere talen zoals Nederlands, Duits, Russisch, Spaans, Frans en Deens.